BEI GRIN MACHT SICH IHR WISSEN BEZAHLT

- Wir veröffentlichen Ihre Hausarbeit,
  Bachelor- und Masterarbeit

- Ihr eigenes eBook und Buch -
  weltweit in allen wichtigen Shops

- Verdienen Sie an jedem Verkauf

Jetzt bei www.GRIN.com hochladen und kostenlos publizieren

Tobias Ellinger

"Das Parfum". Film und Buch

GRIN Verlag

Bibliografische Information der Deutschen Nationalbibliothek:

Die Deutsche Bibliothek verzeichnet diese Publikation in der Deutschen National-
bibliografie; detaillierte bibliografische Daten sind im Internet über http://dnb.d-
nb.de/ abrufbar.

Impressum:

Copyright © 2014 GRIN Verlag GmbH
Druck und Bindung: Books on Demand GmbH, Norderstedt Germany
ISBN: 978-3-656-61831-7

Dieses Buch bei GRIN:

http://www.grin.com/de/e-book/270521/das-parfum-film-und-buch

GRIN - Your knowledge has value

Der GRIN Verlag publiziert seit 1998 wissenschaftliche Arbeiten von Studenten, Hochschullehrern und anderen Akademikern als eBook und gedrucktes Buch. Die Verlagswebsite www.grin.com ist die ideale Plattform zur Veröffentlichung von Hausarbeiten, Abschlussarbeiten, wissenschaftlichen Aufsätzen, Dissertationen und Fachbüchern.

Besuchen Sie uns im Internet:

http://www.grin.com/

http://www.facebook.com/grincom

http://www.twitter.com/grin_com

Gliederung

1. Buch

2. Film

Inhaltsangabe („Das Parfum" Buch)

Der Roman „Das Parfum" wurde von Patrick Süskind verfasst und erschien erstmals 1985.Die Geschichte spielt sich in Frankreich des 18.Jahrhunderts ab. Protagonist der Geschichte ist Jean-Baptiste Grenouille, welcher über einen ausgezeichneten Geruchsinn verfügt. Der Roman erzählt den Werdegang dieses genialen und gleichzeitig monströsen Genies, der das Ziel hat der beste Parfümeur aller Zeiten zu werden.

Grenouille wird am 17.7.1783 in der damals am meisten stinkende Stadt Paris geboren. Seine Mutter bringt ihn nach vier vorherigen Fehlgeburten unter einem Fischstand zur Welt und lässt ihn auf dem Fischabfall liegen. Unerwarteter weise fängt das Baby an zu schreien und regt Aufmerksamkeit auf sich. Als die Mutter gesteht, dass sie Grenouille sterben lassen wollte, wird sie geköpft. Daraufhin kommt Grenouille bei der Amme Jeanne Bussie unter, welche ihn wieder nach wenigen Wochen unter der Begründung, dass er sie leer sauge und nicht rieche bei einem Kloster wieder abgibt. Der Mönch Pater Terrier schickt das Baby, das ihm unheimlich ist zu, Madam Gaillard. Madam Gaillard hat als Kind von ihrem Vater einen Schlag mit einem Feuerhaken über die Stirn bekommen und somit ihren Geruchsinn verloren. Für Jean-Baptiste sind der fehlende Geruchsinn und ihr großer Gerechtigkeitsinn ein Vorteil, da seine Ersatzmutter dadurch keine Abneigungen gegen ihn entwickelt, wohingegen die anderen Kinder Ekel und Angst vor ihm empfinden. Doch im Laufe der Jahre glaubt Madam Gaillard, Grenouille könne in die Zukunft sehen, da er Personen ankündigt, welche erst später eintreffen. So glaubt sie auch, dass er durch Wände sehen kann, da er ihre geheimen Geldverstecke weiß. Daraufhin verkauft sie ihn an den Gerber Grimal. Grenouille holt sich durch die Arbeit bei der Gerberei einen Milzbrand, den er aber überlebt und somit mit der Immunität gegenüber der Krankheit eine Sonderstellung bekommen. Dadurch erarbeitet sich Jean-Baptist Privilegien, die ihm mehr Freizeit bringen. So beginnt er Paris und sein Parfümerie-Viertel auf Gerüche zu erforschen. Als am 1.September 1753 ein Feuerwerk zu Ehren des Königs veranstaltet wird, bemerkt der Protagonist einen Duft, der alle ihm bis jetzt bekannten Düfte übertrifft. Bei der Verfolgung des Duftes findet er ein rothaariges Mädchen, das Mirabellen putzt. Er stellt sich dicht hinter sie und als das Mädchen sich umdreht, bringt er sie um. Nachdem das Mädchen tot ist riecht Grenouille sie von oben bis unten ab. In dieser Nacht erkennt Jean-Baptist, dass es seine Bestimmung ist, der größte Parfumeur aller Zeiten zu werden. Grenouille wird von Grimal zu dem Parfumeur Baldini geschickt, um Ziegenleder zu bringen. Der Protagonist merkt sofort, dass er hier seine Bestimmung findet und fragt Baldini, ob er bei ihm arbeiten könne. Anfangs verneint der Parfumeur, aber als Grenouille das Parfum des Konkurrenten Pélissier „Armor und Psyche" nachmischt und daraufhin verbessert, willigt Baldini ein und kauft ihn Grimal ab. Die Hauptperson in der Geschichte verhilft Baldini zu europäischem Ansehen und großem Reichtum. Umgekehrt profitiert Grenouille von Baldini, der ihm den Umgang mit und der Herstellung von Duftstoffen lernt. Somit bringt Baldini ihm bei, mithilfe eines Alambics Stoffen ihren Duft zu entziehen. Als Grenouille es nicht schafft, Stoffe, welche keine ätherischen Öle abgeben können, mit Hilfe eines Alambics ihren Duft zu entziehen, wird er lebensbedrohlich krank. Der Parfumeur erzählt ihm, dass er in Grass weiter Techniken lernen kann, um Düfte von Stoffen zu gewinnen. Daraufhin ist Jean-Baptist innerhalb einer Woche wieder gesund und beginnt nach Grass zu reisen. Als er sich von Paris weiter entfernt findet er Gefallen an der nicht menschenverseuchten Luft und begibt sich zu dem menschenfernsten Punkt Frankreichs, in eine Höhle auf den Gipfel von Plomb du Cantal. In dieser Höhle feiert er in seinen

Träumen Geruchsorgien, bemerkt aber nach 7 Jahren, dass er keinen Eigengeruch hat. Daraufhin setzt der Protagonist seine Reise nach Grass fort. In einem fürchterlichen Zustand trifft er in der Stadt Pierrefort ein. Der Wissenschaftler Marquis de la Taillade-Espinasse, welcher die These vertritt, dass sich Leben nur in gewissen Abstand entwickeln kann, findet Neugier an Grenouille und bietet ihm Geld an für die Bereitstellung als Demonstrationsobjekt für seine Theorie in der Universität von Montpellier. Währenddessen verbessert Grenouille seine sozialen Kompetenzen und erlernt die Beeinflussung der Menschen durch Parfüme, was sein Verlangen nach einer Kreation von einem Engelsduft steigert. Als er in Grass ankommt, bemerkt Jean-Baptist einen aus einem Garten wehenden überirdischen Duft von einem Kind, der dem des rothaarigen Mädchens in Paris ähnelt, aber noch braucht um ausgereift zu sein. Gernouille findet in der Stadt bei einem Parfumeuratelier Arbeit und lernt mit Fetten, Gerüche von Lebewesen zu konservieren. Um die perfekte Grundlage für sein Parfum zu haben, ermordet er 25 Jungfrauen und schert ihnen den Kopf kahl und raubt ihren Duft. Daraufhin befürchtet der Vater des rothaarigen Mädchens Antonie Richis, dass seine Tochter Laure Richis das nächste Opfer ist. Der Vater flieht mit ihr Richtung der Lerinischen Inseln, auf denen sich ein wohlbefestigtes Kloster befindet. Gegen Abend erreichen sie das Gasthaus in Napoule. Am Selben Tag verfolgt Grenouille die Duft Spur von Laure und überholt sie unbemerkt im Laufe des Tages und bekommt im Gasthaus in Napoule im Stall einen Schlafplatz. In der Nacht schleicht er sich durch das Fenster in das Zimmer des Mädchens ermordet sie, raubt ihren Duft und flüchtet nach Grass. Durch den Wirt, der Grenouille beschrieben hat, wurde Jean-Baptist festgenommen und zu Tode verurteil. Am 15.April 1766 erscheinen zehntausend Menschen vor den Toren von Grass und wollen die Hinrichtung sehen. Als der Protagonist mit der Kutsche ankommt, treibt der Duft des Parfums die Zuschauer in Ekstase, was zu einer Massenorgie führt. Grenouille kehrt nach Paris zurück und wird, nach dem er sich mit seinem Parfum begießt aufgefressen.

Interpretation von Schlüsselsituationen („Das Parfum" Buch)

Das Buch „Das Parfum" erzählt die Geschichte eines Mörders, welcher 26 Morde begeht, um das Ziel zu erreichen, der größte Parfumer aller Zeiten zu werden. Patrick Süskind gibt ab der ersten Seite bekannt, wer der Mörder ist und stellt nicht den Detektiv in den Mittelpunkt, sondern der Mörder Grenouille agiert als Protagonist. Dies lässt den Roman dem Genre Kriminalroman einordnen.[1] Doch gehört „Das Parfum" auch zu dem Genre Bildungs- und Entwicklungsroman, da Grenouille bis zum Erreichen seines Ziels, der größte Parfumer der Welt zu werden und die Menschen, zu beherschen verschiedene Entwicklungsstationen durchläuft, welche bis hin zu seinem eigenen Suizid führen.[2]Um diese Entwicklung Grenouilles und somit auch den Handlungsverlauf des Buches zu verstehen, ist es von Nöten, bestimmte Schlüsselsituationen näher zu thematisieren und zu interpretieren.

1.   Schlüsselsituation

Jean-Baptists Begegnung mit dem „Mirabellen-Mädchen".

Als Grenouille am 1.September 1753 den Geruch des Mädchens bemerkt, der jeden bis jetzt gerochenen Duft übertrumpft, wird ihm klar, „daß ohne den Besitz des Duftes sein Leben keinen Sinn mehr hat[te]" (S.55). Als er hinter dem Mädchen steht und er sie daraufhin umbringt, ist seine einzige Sorge, nichts von dem Geruch zu verlieren. Dies zeigt sein fehlendes Gewissen. Dem Protagonisten ist es egal, ob jemand dabei stirbt, einzig und allein der Geruch interessiert ihn. Nachdem er nach Hause flüchtet, beginnt er ein Wertungssystem von Gerüchen zu erstellen. In der Vergangenheit gab es für Grenouille keine guten oder schlechten Gerüche, sie hatten alle den gleichen Stellenwert. Doch dieser Duft gibt ihm eine neue „Duftherrachie" und an der Spitze steht der Geruch des Mädchens. So glaubt der Protagonist daraufhin seine Bestimmung gefunden zu haben und sein Ziel, der größte Parfumer aller Zeiten zu werden nimmt Gestalt an. Doch um sein Ziel zu erreichen, bedarf es der handwerklichen Fähigkeiten eines Parfumers. Somit verlässt er Grimal und beginnt eine Lehre bei Baldini.[3]

2.   Schlüsselsituation

Jean-Baptists Leben in der Höhle.

Auf dem Gipfel von Plomb du Cantal erkundet Grenouille sich selbst. Er zieht sich gedanklich in sein Inneres zurück, schafft seine eigenes Imperium und „hier [gilt] nichts als sein Wille"(S.161).So sät er verschieden Düfte, schafft sein eigenes Reich mit einem Schloss als zuhause und „er [sieht], daß es gut war" (S.161). Diese biblischen Zitate lassen drauf schließen, dass der Protagonist sich selbst als Gott und Herrscher über die Düfte sieht, wobei niemand oder ein Gesetz über ihn steht.[4] Ein weiterer Interpretationsansatz ist, dass Grenouille durch das innerliche Durchleben seiner Gerüche sie emotional und gedanklich ordnet.[5] Jean-Baptist beschwört, um in Stimmung zu kommen, Düfte, die ihn an Menschen erinnern, hervor. Dabei kommt „mit orgastischer Gewalt sein angestauter Haß hervor" (S.159). So stellt auch dieser Vorgang eine nachgeholte Sozialisation und „Vergangenheitsbewältigung" dar.[6] Auch ist erkennbar, dass die meisten Gerüche die er mit

---

[1] vgl. Bernsmeier, S.54
[2] [2]vgl. Bernsmeier, S.53
[3] vgl. Matzkowski, S.46
[4] vgl. Schardt, S.62f
[5] vgl. Matzkowski, S.51
[6] vgl. Matzkowki, S.52

Menschen in Verbindung bringt, Hassgefühle auslösen und es sich somit sich abzeichnet, dass er gegenüber Menschen nur Haß empfinden kann.

3. Schlüsselsituation

Jean-Baptists Verwandlung.

Nachdem Grenouille 5 Tage lang von Marquis de la Taillade-Espinasse mit einer Entseuchungs- und Revitalisierungskur behandelt wird, wird er von Kopf bis Fuß gewaschen, bekommt einen neuen Haarschnitt, wird geschminkt und neu eingekleidet. Nach dieser Verwandlung beschreibt der Marquis es als eine göttliche Tat. Der Protagonist erkennt, dass nicht die Revitalisierungskur, „sondern einzig und allein die paar Kleider, der Haarschnitt und das bißchen kosmetischer Maskerade" (S.186) ihn, in einen normalen Menschen verwandeln. Daraufhin kreiert Jean-Baptist ein Parfum, welches den Duft eines Menschen imitiert. Als er auf den Straßen wahrgenommen wird, erkennt er, „daß er eine Wirkung auf Menschen ausübt" (S.195). Daraufhin entwickelt sich der Protagonist zu seinem finalen Ziel, denn „er [weiß], daß er diesen Duft verbessern [kann]" (S.198) und somit einen Engelsduft zu kreieren, der die Menschen dazu verleihen, ihn zu lieben und ihn als Gott anzusehen.

4. Schlüsselsituation

Jean-Baptists Hinrichtung.

Am 15.April 1766 warten zehntausend Menschen vor den Toren vor Grass. Sie wollen die Hinrichtung Grenouilles sehen. Als er in einer Kutsche vor der Menschenmasse aussteigt „[geschieht] ein Wunder"(S.299). Die Menschen riechen sein Parfum, sie verlieben sich in ihn und sehen ihn als Gott an, der „unmöglich ein Mörder sein" (S.299) kann. Der Protagonist hat sein Ziel erreicht, „er erlebte in diesem Augenblick den größten Triumph seines Lebens. Und er wurde ihm fürchterlich." (S.305). Dies ist seine letzte innerliche Erkenntnis, dass er „nur im Haß Befriedigung fände, im Hassen und Gehaßt werden." (S. 305f.). Dies spiegelte sich auch in seinen Erfahrungen in der Höhle wider, bei denen er sich, um in Stimmung zu kommen die Gerüche von Menschen heraufbeschwört und innerlich Haß empfindet, womit er sich befriedigt. Grenouille fehlt etwas Entschiedenes: er kann nicht lieben.[7] Zusätzlich kann und muss für das Verstehen seines darauf folgenden Suizids in Paris erwähnt werden, dass der Protagonist erkennt, dass die Menschenmassen nicht ihn sondern, seinen Duft, dieses Parfum und somit nur seine Maske und nicht sein Inneres lieben, denn innerlich besitzt er nur „seine totale Geruchslosigkeit" (S.306).[8] Die dadurch entstehende Identitätskrise und der fehlenden Lebenssinn lassen Grenouille zu dem Schluss kommen, Selbstmord bei seinem Anfangspunkt Paris zu begehen.

---

[7] vgl. Bernsmeier, S.62
[8] vgl. Matzkowski, S.59

„Das Parfum" (Film)

Inhaltliche Unterschiede

Generell basiert die Handlung des Filmes „Das Parfum" auf der Geschichte des Buches „Das Parfum", welches Patrick Süskind verfasst hat. Dennoch gibt es Abweichungen bei der Handlung. Hier wird auf die wichtigsten eingegangen.

Der Film beginnt nicht wie das Buch bei Grenouilles Geburt, sondern setzt bei der Verurteilung des Protagonisten ein. Grenouille sitzt im Kerker und dem Zuschauer ist nicht gleich bekannt, wer hier aus der Zelle geholt wird. Dadurch wird Spannung erzeugt und der Zuschauer wird neugierig.[9] Die Kindheit wird hauptsächlich mit einem Off-Erzähler erzählt, die Amme Bussie und der Pater Terrier werden komplett gestrichen, was dazu führt, dass Grenouilles Kindheit rasch verfilmt ist.[10] So wird auch wegen schwieriger filmischer Umsetzung auf Jean-Baptists Entwicklungsprozess in der Höhle fast komplett verzichtet, nur das Erkennen seines fehlenden Eigengeruchs wird dargestellt. Das Aufeinandertreffen mit dem Marquis de la Taillade-Espinasse fehlt komplett, weshalb Grenouille weitere Entwicklungsprozesse fehlen.[11] Der Film setzt mehr auf die Verfolgung von Laure. Der Protagonist ist im Labyrinth, welches sich im Garten von Antonie Richis befindet kurz davor, Laure umzubringen, welche aber noch flüchten kann. Gleiches spielt sich auch nochmal ab, als Laure vor ihrem Vater in einer dunklen Gasse wegläuft. Diese zwei Szenen sind im Buch nicht vorhanden und erzeugen im Film eine sehr hohe Spannung. Allgemein ist zu sagen, dass der Film sich mehr auf die Ermordung der Frauen und auf die Verfolgung des rothaarigen Mädchens konzentriert, wohingegen das Buch sich mehr auf die Entwicklungs- und Bildungsprozesse Grenouilles konzentriert.

Hauptthema Gerüche.

Der Film „Das Parfum" behandelt eine Geschichte, in der Gerüche eine große Rolle spielen. So ist es doch interessant, inwiefern der Film es schafft, dieses Thema umzusetzen.

Der Film lässt den Zuschauer die Gerüche hören und sehen. Die Musik inszeniert die Stärke und Intensität der Düfte. Gleichzeitig beschreibt der Off-Erzähler die Gerüche. Somit lässt unser Sinnesorgan Ohr uns das Geschehen sinnlich erleben. Durch unser Augen nehmen wir viele Schnitte wahr und somit viele Eindrücke in kurzer Zeit. Mimik und Gestik spielen auch eine Rolle, im Vordergrund steht aber die Tätigkeit des Riechens, weshalb die Bewegung von Grenouilles Nasenflügel oft im Mittelpunkt steht.

---

[9] vgl. Goak, Jeang-Yean: „Dramatisierungsstrategien in Literaturverfilmungen unter besonderer Berücksichtigung von Tom Tykwers Das Parfum und Michael Hanekes Die Klavierspielerin", Seoul Frauen-Uni, S.2, http://kgg.german.or.kr/kr/kzg/kzgtxt/kzgtxt106/106-12.pdf (Stand 24.02.2014)
[10] vgl. Goak, Jeang-Yean: „Dramatisierungsstrategien in Literaturverfilmungen unter besonderer Berücksichtigung von Tom Tykwers Das Parfum und Michael Hanekes Die Klavierspielerin", Seoul Frauen-Uni, S.3, http://kgg.german.or.kr/kr/kzg/kzgtxt/kzgtxt106/106-12.pdf (Stand 24.02.2014)
[11] vgl. Goak, Jeang-Yean: „Dramatisierungsstrategien in Literaturverfilmungen unter besonderer Berücksichtigung von Tom Tykwers Das Parfum und Michael Hanekes Die Klavierspielerin", Seoul Frauen-Uni, S.4, http://kgg.german.or.kr/kr/kzg/kzgtxt/kzgtxt106/106-12.pdf (Stand 24.02.2014)

Literaturverzeichnis

Primärliteratur und Zitierte Ausgabe

Das Parfum, die Geschichte eines Mörders, Zürich: Diogenes, 1994 (Taschenbuchausgabe).

Sekundärliteratur

Matzkowski, Bernd: Patrick Süskind, Das Parfum. Königs Erläuterungen, Bange Verlag, 3.Auflage 2013 Hollfeld.

Schardt, Friedel: Patrick Süskind, Das Parfum. Interpretationshilfe Deutsch, Stark Verlag, 1.Auflage 2001.

Bernsmeier, Helmut: Patrick Süskind, Das Parfum. Lektüreschlüssel, Reclam Verlag, Aktualisierte Ausgabe 2011, Stuttgart.

Internetpublikation

http://kgg.german.or.kr/kr/kzg/kzgtxt/kzgtxt106/106-12.pdf